AF456155

TABLE
DES
EDITS, DECLARATIONS, ORDONNANCES, ARRESTS ET REGLEMENS
CONCERNANT
LES FERMES ROYALES-UNIES.

Rendus pendant les mois d'Avril, May & Juin 1696.

A PARIS,

Chez PIERRE PRAULT, Imprimeur des Fermes du Roy, Quay de Gêvres, au Paradis, & à la Croix Blanche.

M. DCC. XXXIV.

SUITE DE LA TABLE DES EDITS, DECLARATIONS ET ARRESTS DU CONSEIL, *CONCERNANT* LES FERMES ROYALES-UNIES;

COMPRISES AU BAIL FAIT SOUS LE NOM de Me. PIERRE POINTEAU.

Donnés pendant les mois d'Avril, Mai & Juin 1696.

Du mois d'Avril 1696.

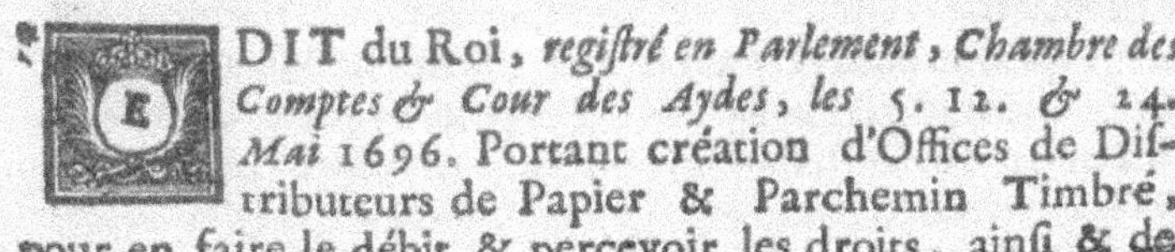

EDIT du Roi, *registré en Parlement, Chambre des Comptes & Cour des Aydes, les 5. 12. & 24. Mai 1696.* Portant création d'Offices de Distributeurs de Papier & Parchemin Timbré, pour en faire le débit & percevoir les droits, ainsi & de la même maniere que font les Commis dans les Villes & lieux où ils sont établis ; à l'effet de quoi lesdits Distributeurs se chargeront par Inventaires de tous les Papiers & Parchemins Timbrés qui leur seront fournis ou envoyés par les Fermiers du Timbre, au fur & à mesure qu'ils en auront besoin, & feront leurs soumissions au pied desdits Inventaires d'en rendre compte tous les mois ausdits Fermiers, & de leur payer les deniers qui proviendront de leur debit, à la déduction toutefois de ce qui sera attribué ausdits Distributeurs pour salaires & émolumens qu'ils retiendront par leurs mains, quittes de tous frais de voitures, lesquels, s'ils en font l'avance, leur seront remboursés par lesdits Fermiers du Timbre, ausquels & à leurs Procureurs, Commis & tous autres que les Distributeurs créés par ledit Edit, il est défendu de faire aucune vente & distribution de Papier & Parchemin Timbré, à peine de cinq cens livres d'amende pour chacune contravention. Permet neanmoins ausdits Fermiers, leurs Procureurs ou Commis, de timbrer les Expeditions qu'ils jugeront à propos & d'en recevoir les droits du Timbre, à la charge par eux de tenir bon & fidele Registre, & d'en payer les attributions au Distributeur de la Ville où lesdites Expeditions seront timbrées. Fixe le nombre desdits Distributeurs ; SÇAVOIR, seize dans la Ville & Fauxbourgs de Paris, quatre dans chacune des Villes de Rouen, Bordeaux, Toulouse, Rennes, Dijon & Lyon : trois dans celles d'Aix, Metz, Grenoble, Pau, Poitiers, Montpellier, Caën, Nantes, Tours, Angers, Amiens, Châlons, Reims, Troyes, Orleans, Bourges, Moulins, Montauban, Marseille, Limoges & Riom ; & deux dans chacune des autres Villes & Bourgs. Permet à un même particulier d'acquerir plusieurs desdits Offices, par une seule & même provision & de commetre à l'exercice d'iceux, à la charge de demeurer civilement responsable desdits Commis, à la charge qu'il ne pourra y avoir dans un même Bureau qu'un seul & même Privilege pour le Proprietaire & le Commis, attribuë ausdits Distributeurs un sol pour livre de tout le Papier & Parchemin timbré qu'ils vendront, avec les deux tiers des appointemens ou remises que les Fermiers donnoient à leurs Commis pour la distribution qu'ils en faisoient, desquels droits ils feront bourse commune entre ceux qui exerceront lesdits Offices dans la même Ville. Seront lesdits Distributeurs pourvûs desdits Offices sur les Quittances du Tresorier des Revenus Casuels, sur lesquelles il sera expedié des provisions pour ceux seulement qui seront établis dans les Villes où il y a Cours Superieures ou Bureaux des Finances. Et à l'égard de ceux des autres Villes, ils seront reçus & exerceront sur leurs simples quittances de Finances, en payant pour tous frais de receptions dans les Villes où il y a Parlement, six livres, & dans les autres, trois livres seulement. Que ceux qui seront Proprietaires desdits Offices joüiront de l'exemption du logement des gens de Guerre, collecte, tutelle, curatelle, guet & garde & autres Charges publiques, que ceux qui n'auront pas été imposés à la Taille & à l'Ustensile jusqu'au jour & datte de leurs provisions ou quittances de finance, en demeureront exemts, & qu'à l'égard de ceux qui auront été imposés, leurs cottes demeureront fixées à la même somme à laquelle ils étoient imposés l'année qui précedera leur acquisition. Et accorde à ceux qui prêteront leurs deniers pour l'acquisition desdits Offices, un Privilege special sur iceux & préference sur les deniers de la bourse commune.

Du mois d'Avril 1696.

* Edit du Roi, *registré en Parlement le 5. May 1696.* Portant suppression des Jaugeurs des vaisseaux & futailles créés par Edit de 1656. 1674. ou autres, & création & érection en titres d'Offices d'autres Jaugeurs dans les Villes & Bourgs du Royaume, à l'exception de Paris, lesquels jouiront de l'exemption de collecte, tutelle, curatelle, logement de gens de Guerre, & de toutes autres Charges publiques, & des droits ci-après; sçavoir, de quatre sols pour chacun muid de Vin, pareille somme pour demie queuë, deux sols pour demi-muid, quarteau, ou tierceau, & pour les autres Vaisseaux à proportion. Pour les Eaux-de-Vie ou liqueurs le

double, & pour les Bieres, Cidres & Poirés, la moitié; lesquels Droits seront payés par tous les Proprietaires des Vins, Cidres, Poirés, Bieres, Eaux-de Vie, & autres liqueurs, ausdits Jaugeurs ou leurs Commis, sur le pied cy-dessus, sans qu'aucunes personnes en puissent être exemtes sous prétexte de Noblesse, Charges, Offices, & autres privileges de quelque nature, qualité & condition qu'ils soient, même les Ecclesiastiques pour les Vins & autres boissons du cru de leurs Benefices, & soit que les Vins, Eaux-de-Vie & autres boissons soient destinés pour Paris. Permet ausdits Jaugeurs ou Commis de roüanner ou marquer les muids, demi-queuës & autres vaisseaux de la Marque qui sera par eux choisie, à la charge d'en déposer l'empreinte aux Greffes des Elections & dans les Païs où il n'y en a point, dans ceux des Jurisdictions Royales, dont ils ressortiront, & que pour tous droits de dépôt, il soit payé vingt sols au Greffier. Que les Proprietaires desdits Offices de Jaugeurs ou leurs Commis délivreront aux Vendeurs & aux Voituriers des Quittances du payement desdits droits, portant certification comme les vaisseaux auront été jaugés, & les droits payés sur les lieux, & qu'il soit payé pour chacune quittance par l'Acheteur quatre deniers, tant pour le timbre que pour le papier: Permet aux Acquereurs d'emprunter, pour l'acquisition desdits Offices, & accorde à ceux qui prêteront leurs deniers pour ce faire, un privilege special sur lesdits Offices & droits, sans qu'il soit besoin d'en faire mention, si bon ne leur semble, dans la Quittance de Finance, mais seulement dans les Contrats & Actes d'emprunts qui seront pour ce passés.

Du mois d'Avril 1696.

* Edit du Roi, *registré en Parlement le 5. Juin 1696.* Portant création d'Offices dans les Gabelles de Lyonnois, Languedoc, Roussillon, Provence, & Dauphiné; & augmentation du prix du Sel dans les Greniers & Chambres à Sel desdites Provinces.

Du 3. Avril 1696.

* Declaration du Roi, *registrée en Parlement le 5. Mai 1696.* Concernant l'érection en fief des Maisons & Heritages en roture dans l'étenduë des Directes de Sa Majesté.

Du 3. Avril 1696.

* Arrêt du Conseil, portant que les Marguilliers de chacune des Paroisses où les publications des Domaines de Sa Majesté seront faites par les Curés, aux Prônes de leurs Grandes Messes, par trois Dimanches consecutifs, feront eux-mêmes l'apposition des affiches desdits Domaines à la grande porte de l'Eglise principale desdites Paroisses: de laquelle apposition d'affiches lesdits Curés donneront leurs Certificats, ainsi que des trois publications.

Du 3. Avril 1696.

* Arrêt du Conseil, portant Reglement entre le Controlleur des Domaines du Roi, & le Chapitre de S. Honoré, pour les maisons des ruës des Bons Enfans, des Petits-Champs & Baillifre.

Du 7. Avril 1696.

Arrêt du Conseil, portant que les Hôtes & autres particuliers de la Ville de Brest, tenans des Chambres garnies & Pensionnaires, soit Officiers de la Marine, Commissaires, Gardes-Marine, Ecrivains de Sa Majesté, Commis des Classes & des Magasins, Fortifications, des Vivres, & tous autres, payeront les devoirs des Etats, Impôts & Billots des Vins & autres boissons, qu'ils ont fait & feront venir, tant ſous leurs noms que ceux de leurs Hôtes dans leurs domiciles & autres lieux, deſquels ils ſeront tenus de faire declaration au Bureau deſdites Fermes.

Du 10. Avril 1696.

* Arrêt du Conſeil, qui ordonne que tous les Sous-fermiers & Arrieres fermiers de Charles-Denis Carlier, cy-devant Fermier General des Regrats, ſeront tenus de payer à Philippes Bertin, chargé de l'execution de l'Edit portant création de Jurés-Vendeurs de Sel à petites meſures, le prix de leurs Sousbaux & Arrierebaux, & de lui remettre tous les Regiſtres, Papiers & Memoires concernant la revente du Sel de leurs Greniers.

Du 10. Avril 1696.

* Arrêt contradictoire du Conſeil, portant que le Droit de ſol pour livre ſur le Poiſſon de Mer qui abordera à Caën par la Riviere d'Orne, ſera levé & perçû, ſoit à la deſcente des Batteaux ou à la Poiſſonnerie, au choix du Fermier, ſur le pied de la premiere vente, à l'exception du Poiſſon que les Pêcheurs & Mariniers auront eux-mêmes pêché, qu'ils vendront ou feront vendre par leurs femmes & enfans; défenſes au Fermier de percevoir le Droit ſur le Poiſſon qui arrivera par terre.

Du 10. Avril 1696.

Arrêt du Conſeil, concernant les informations reſpectivement faites, tant par le Juge des Gabelles, au ſujet des Gardes de la Brigade ambulante des Gabelles établie à Thiézac, dans le haut Auvergne, qui ont été inſultés & attaqués à force ouverte par pluſieurs gens du lieu, & celles faites par le Juge de Vic & autres, qui ont informé contre

May 1696. conformément audit Edit ; & qu'en consequence du Resultat arrêté au Conseil le 10. dudit mois d'Avril, la vente des Offices créés & rétablis par ledit Edit, & l'Alienation desdits Vingt sols en Lyonnois, & des Dix sols en Languedoc, Roussillon, Provence & Dauphiné, sera incessamment faite par Me. Imbert Mazel, ses Procureurs, Commis & Préposés, & qu'en attendant la vente desdits Offices & Alienation desdits Vingt sols d'une part & Dix sols d'autre, ledit Mazel joüira du produit desdits droits, à commencer du premier May de ladite année 1696. : Et à cet effet que les Receveurs en Titre & Commis de l'Adjudicataire general desdites Gabelles, qui en doivent faire la perception, seront tenus de remettre sans aucuns frais, les deniers en provenans és mains dudit Mazel, & sur ses Quittances ou de ses Commis & Préposez ; au moyen de quoi ledit Mazel sera tenu de fournir & remettre ès mains de l'Adjudicataire general desdites Gabelles, le fonds necessaire pour le payement des Gages & augmentations de Gages qui seront attribués, tant aux anciens Officiers & autres particuliers, qu'à ceux rétablis & créés par ledit Edit, pour leur en être fait le payement, suivant l'Etat qui en sera arrêté au Conseil, avec faculté audit Mazel de faire exercer lesdits Offices sur les Commissions du grand Sceau.

Du 17. Avril 1696.

Arrêt du Conseil, sur la Requête des Habitans de la Ville de Sedan, concernant leurs Privileges ; qui renvoye ladite Requête à Monsieur Larcher, Commissaire departi en la Generalité de Châlons & Frontiere de Champagne, pour entendre les Fermiers des Fermes Unies, leurs Procureurs & Commis, & lesdits Habitans, dresser Procès-verbal de leurs dires & contestations, pour icelui envoyé, vû & rapporté au Conseil, avec son avis sur le tout, être par Sa Majesté ordonné ce qu'il appartiendra par raison, &c.

Du

Du mois de May 1696.

* Edit du Roi, *registré en Parlement le 27. Juin 1696.* Qui en interprétant de celuy du mois de Decembre 1694. crée en titre d'Office formé & hereditaire, un Conseiller-Receveur general dans chaque Département des Fermes, où il sera jugé à propos d'en établir, lesquels joüiront des Gages qui leur seront payés par les Fermiers, suivant l'Etat qui en sera arrêté au Conseil, sans diminution du prix de leurs Baux, ensemble des remises pour ports de Voiture, Tarres d'especes, & autres attributions & Privileges, dont joüissent les Receveurs Particuliers, conformément audit Edit du mois de Decembre 1694.

Du mois de Mai 1696.

* Edit du Roi, *registré en Parlement le 26. Mai 1696.* Portant suppression des Jurés-Vendeurs de Volaille, Gibier, Oeufs, Beurre, Fromage, Cochons de Lait, Agneaux & Chevreaux, & leurs Commis créés en 1673. & 1674. Et pareille suppression des Jurés-Vendeurs de Veaux créés en 1675. avec désunion de la Ferme des Aydes des droits attribués ausdits Offices. Et nouvelle création de cent Jurés-Vendeurs de Volaille, Gibier, Cochons de Lait, Agneaux & Chevreaux. Même nombre de Jurés-Vendeurs de Beurre, Oeufs & Fromage. Et pareille création de cent-cinquante Vendeurs de Veaux.

Du premier Mai 1696.

* Declaration du Roi, *registrée en Parlement le 5. Mai 1696.* Portant qu'il sera payé à l'avenir pour les Echanges, les mêmes droits qui se payent pour les Ventes d'heritages ou autres immeubles, tant dans la Directe du Roi, que dans celles des Seigneurs.

Du premier Mai 1696.

* Arrêt du Conseil, portant défenses au Fermier des Aydes de Beauvais & à tous autres, d'exiger aucuns droits des Adjudicataires des Forêts de Sa Majesté pour les Bois qu'ils conduiront & débiteront eux-mêmes.

Du premier May 1696.

Arrêt du Conseil, sur la Requête de Mᵉ. Pierre Pointeau, concernant le payement de onze cens livres contenus ès Promesses de Loüis Hayes, pour les Droits d'Entrée des Vins à Roüen, & contre une Sentence des Elus du 10. Fevrier 1694. & un Arrêt de la Cour des Aydes de Roüen du 17. Mars 1696 : Qui ordonne avant faire droit sur ladite Requête, qu'elle sera communiquée audit Hayes, pour lui oüi & sa réponse vûë, être ordonné ce qu'il appartiendra ; Et enjoint au Procureur General de la Cour des Aydes de Roüen, d'envoyer incessamment au Conseil les motifs de l'Arrêt de ladite Cour.

Du premier Mai 1696.

Arrêt du Conseil, sur la Requeste de Mᵉ. Pierre Pointeau, concerant le Faux-Saunage & excès commis contre le Contrôlleur & les Gardes du Bureau du Tilleul, Generalité de Caën, par les Dragons du Regiment de la Reine, qui y sont en quartier d'Hyver : Qui ordonne, que par Monsieur Foucault, Commissaire départi en ladite Generalité, il sera informé du contenu en ladite Requête, pour l'information faite, envoyée, vûë & rapportée au Conseil, être ordonné ce qu'il appartiendra.

Du premier Mai 1696.

* Arrêt du Conseil, qui ordonne que les Officiers des Elections, de l'étenduë de la Ferme des Gabelles de France, continueront de joüir du Franc Salé qui leur a été attribué, à raison d'un demi Minot de Sel chacun, qui leur sera délivré annuellement; par les Officiers des Greniers à Sel, en la maniere accoûtumée.

Du 5. Mai 1696.

* Declaration du Roi, portant union des droits de presentations à la Communauté des Procureurs du Parlement de Paris, en payant la somme de quarante mille livres & deux sols pour livre, au moyen de quoi l'Engagiste du Greffe ne joüira plus que des droits dûs à l'expedition des Congés & défauts, & en payant aussi par ledit Engagiste la somme de dix mille livres, & deux sols pour livre.

Du 5. Mai 1696.

* Arrêt du Conseil, qui ordonne que les pourvûs ou Commis aux fonctions des Offices de Courtiers & Commissionnaires des Vins, Eaux-de Vie & Liqueurs, seront tenus de fournir à l'avenir aux Marchands Vendeurs, & autres redevables, des Quittances des sommes qu'ils recevront d'eux pour leurs droits; sur des quarrés de Papier Timbré, pour chacun desquels il sera payé huit deniers, y compris l'augmentation, à peine en cas de contestation, des amendes portées par les Reglemens; & moyennant ce, fait défenses ausdits Fermiers, Courtiers & Commissionnaires de faire aucune poursuite les uns à l'encontre des autres pour le passé, à peine de cinq cens livres d'amende, &c.

Du 8. Mai 1696.

* Arrêt du Conseil, qui permet aux redevables de rentes dûes à Sa Majesté à cause de ses Domaines, lesquelles emportent lods & ventes, & autres, de quelque nature qu'elles soient, de les amortir sur le pied du denier quinze, dans le tems de trois mois; lequel passé, il sera permis à toutes personnes d'acquerir lesdites rentes à raison du même denier; à la charge de reserver six deniers de cens pour la conservation des droits de lods & autres droits Seigneuriaux dûs aux mutations.

Du 8. Mai 1696.

* Arrêt du Conseil, qui ordonne que les Receveurs Generaux des Domaines n'employeront la consistance des Domaines en détail, & par le menu, que dans les comptes qu'ils rendront de leur exercice de l'année 1696. & à l'égard des années précedentes, ils en compteront en la maniere accoutumée.

Du 8. Mai 1696.

Arrest du Conseil, sur la Requeste de Pierre Pointeau, Fermier General des Fermes-Unies, concernant les Comptes à rendre des Droits desdites Fermes, tant en augmentation que diminution, pour les deux premieres années du Bail dudit Pointeau: Qui ordonne que les Cautions remettront incessamment à Messieurs Daguesseau, de Caumartin, Chamillard & d'Armenonville, les Etats de produit desdites Fermes, d'eux certifiés; ensemble les Comptes, Registres & autres Pieces justificatives du contenu ausdits Etats; pour être par lesdits Sieurs Commissaires dressé Procès-verbal de la vérification des recettes & dépenses desdits Etats & Comptes, & sur le tout être fait droit, ainsi qu'il appartiendra, &c.

Du 15. Mai 1696.

Arrêt du Conseil, qui ordonne que les Receveurs & Commis aux Recettes des Gabelles, seront tenus d'executer & faire executer l'Article VII. du titre 6. de l'Ordonnance de 1680. Et en consequence qu'ils tiendront des Registres sextés, les déchargeront à chaque jour de Gabelles, & donneront les assignations en devoir & restitution des Droits de Gabelles, à ceux qui n'auront point levé du Sel, à peine d'être responsables & tenus chacun à leur égard, des pertes, dommages & interêts, &c.

Du 15. Mai 1696.

* Arrêt du Conseil, qui ordonne que l'Article XV. du titre commun de l'Ordonnance de 1681. sera executé : Et en consequence que les débiteurs des Fermes de Sa Majesté, seront contraints au payement de ce qu'ils doivent, nonobstant toutes Saisies, dont Sa Majesté fait pleine main-levée; sans préjudice aux actions des prétendus créanciers, lesquelles pourront être exercées contre les Cautions des Baux d'Edme Riballier & de Pierre Pointeau.

Du 15. Mai 1696.

* Arrêt du Conseil, qui ordonne que les Officiers créés pour les Jurisdictions des Gabelles, désunies des Elections par Edit du mois d'Octobre 1694. tiendront leur Jurisdiction dans les mêmes lieux où elle étoit tenuë par les anciens Officiers des Gabelles, avant l'union de 1685. s'ils subsistent, ou qu'ils appartiennent à Sa Majesté ou à ses Fermiers, sinon ils la tiendront dans les lieux où la tiennent les Officiers des Elections; Et à cet effet conviendront entr'eux des jours & heures qu'ils pourront (pour la commodité du Public,) tenir leur Jurisdiction séparément, & en cas de contestation, ils se pourvoiront pardevant les sieurs Commissaires départis.

Du 15. Mai 1696.

* Arrêt du Conseil, qui confirme l'Adjudication faite au profit de M. Bernard Daire, Lieutenant General, Commissaire Examinateur & Verificateur de la Sénéchaussée de Marsan, de la Justice haute, moyenne & basse de Roquefort de Marsan, & des lieux de Cachen & Lugant, nonobstant les offres faites en pure perte par les Habitans desdits lieux, dont ils ont été deboutés.

Du 15. Mai 1696.

* Arrêt du Conseil, portant que les Commis & Préposés de Me. Jacques Hamarc chargé du recouvrement à faire en execution de l'Edit du mois d'Avril 1696, portant création d'Offices de Jaugeurs, feront enregistrer leurs Procurations ou Commissions aux Elections dans les Provinces & Generalités où il y en a, & dans les Bailliages & autres Jurisdictions, en payant seulement vingt sols pour chaque enregistrement pour tous frais & droits, non compris le Papier Timbré.

Du 21. Mai 1696.

* Declaration du Roy, qui supprime & déclare nuls tous les Congés & Permissions qui ont été & seront expediés pour aller en traite chez les Sauvages du Canada, nonobstant les Articles 351. & 352. du Bail fait à Pierre Domergue, le 18. Mars 1687. & en consequence fait défenses à toutes personnes de quelque qualité & condition qu'elles soient d'aller en traite, ni dans la profondeur des Terres sous quelque prétexte que ce soit, à peine des Galeres ; & enjoint aux François habitués ou en course chez les Sauvages de s'en retirer sous les mêmes peines.

Du 22. Mai 1696.

* Arrêt du Conseil, portant que les Greffiers des Sieges

de seize cens cinquante mille livres, à laquelle Sa Majesté a fixé la finance, tant des Soixante Offices des Vendeurs de Poisson, créés par Edit du present mois, que du Droit Domanial sur ledit Poisson, appellé la petite Coûtume; ils joüiront desdits Offices, & leur permet de les réünir à leur Communauté, & joüiront aussi du Droit de vingt-quatre deniers pour livre, du prix du Poisson qui sera vendu en ladite Ville & Fauxbourgs, outre les Droits attribués à leurs anciens Offices : avec faculté de vendre lesdits nouveaux Offices, &c.

Du 26. Mai 1696.

Arrest du Conseil, qui ordonne que l'information commencée par le Juge des Fermes & Traites à Bapaume, (contre des Blatiers du Village de Pronville, porteurs d'un Passeport de Sa Majesté, & d'un Certificat du sieur Walgra, Commis aux achats des Vivres à Doüay, qui conduisoient douze Chevaux chargés de Bled, sans avoir fait declaration ni pris aucun Passavant) sera continuée par ledit Juge des Traites, & procedé à l'instruction du procès contre ledit Walgra, ses complices & autres Commis des Vivres, qui ont abusé du Passeport accordé aux Munitionnaires des Vivres, circonstances & dépendances; pour être jugé en dernier ressort par Monsieur Bignon, Intendant en Picardie & Artois, avec les Officiers du Présidial d'Amiens, auquel Sa Majesté en attribuë toute Jurisdiction & connoissance.

Du 29. Mai 1696.

* Declaration du Roi, *enregistrée en la Chambre des Comptes de Dauphiné le 26. Juin 1696.* qui révoque à l'égard de la Province de Dauphiné, l'Edit du mois de Mars 1695. & la Declaration du 12. Juillet suivant, concernant la vente & revente du Domaine du Roi, ce faisant, maintient & confirme les Engagistes des Domaines de Sa Majesté dans ladite Province, dans la possession irrévocable pendant trente années, des Terres & autres choses comprises dans leurs Contrats,

trats, mêmes ceux qui possedent des Terres en Justice, dans la faculté d'instituer & destituer les Juges & autres Officiers desdites Terres pendant la durée de leur engagement, desquels ils ne pourront être dépossedés, même après lesdites trente années, qu'ils ne soient réellement & entierement remboursés de toutes les Finances & Supplément d'icelles, par eux ci devant payées, &c.

Du 29. Mai 1696.

* Arrêt du Conseil, portant qu'en toutes les causes civiles & criminelles, à l'exception de celles exceptées par l'art. 8. de la Declaration du 12. Juillet 1695. les Procureurs du Châtelet seront tenus lors de la signification du premier avenir, d'y attacher la cedule de leurs presentations, tant du demandeur que du défendeur, signés du Greffier, & de faire mention de la date d'icelles dans ledit avenir, à peine de trois cens livres d'amende pour chacune contravention; Et fait défenses aux Huissiers-Audienciers & autres, de signifier aucuns avenirs, s'il ne leur est apparu en originaux des cedules des Presentations, aussi à peine de trois cens livres d'amende pour chacune contravention.

Du 29. Mai 1696.

* Arrêt du Conseil, qui ordonne que la somme de seize cens quarante-un mille livres, tenuë en surseance aux Sous-Fermiers des Aydes dénommés en l'Arrêt du Conseil du 6. Septembre 1695. sur le prix de leurs Sous Baux de l'année commencée au premier Octobre 1694. & finie au dernier Septembre 1695. sera & demeurera convertie en indemnité: Et qu'il en sera tenu compte ausdits Sous-Fermiers par Me. Pierre Pointeau, sur le prix de leurs Sous-Baux; & à lui par Sa Majesté, sur le prix de son Bail, &c.

Du 29. Mai 1696.

* Arrêt du Conseil, qui ordonne que la somme de quinze

cens soixante-trois mille livres, sera tenuë en surséance par Me. Pierre Pointeau, Fermier General des Fermes Unies, aux Sous-Fermiers des Aydes & Droits y joints des Generalités & Elections y specifiées, sur le prix de leurs Sous-Baux de l'année, commencée au premier Octobre 1695. & qui finit au dernier Septembre 1696.

Du 29. Mai 1696.

Arrêt du Conseil, sur la Requête de Me. Pierre Pointeau, concernant une saisie faite sur Pierre Henault Orfévre, de plusieurs Ouvrages d'argent vieux, en état de vente, dont les uns étoient marqués de vieilles Marques, & les autres non marqués, sur laquelle est intervenuë une Sentence de l'Election du 9. Juillet 1694. & un Arrêt de la Cour des Aydes du 20. Fevrier 1696. qui infirme ladite Sentence : Qui ordonne avant faire droit sur ladite Requête, qu'elle sera communiquée audit Henault, pour lui oüi ou sa réponse vüë, être ordonné ce qu'il appartiendra ; Et enjoint au Procureur General de la Cour des Aydes, d'envoyer incessamment au Conseil, les motifs de l'Arrêt de ladite Cour, dudit jour 20. Fevrier 1696.

Du 29. Mai 1696.

Arrêt du Conseil, sur la Requête de Me. Pierre Pointeau, contre le nommé Gilbert, Meusnier du Moulin de Coullebarde & autres, qui ont maltraité les Commis dudit Pointeau dans la fonction de leurs Emplois : Qui ordonne que les Charges & Informations faites, tant par les Officiers de l'Election, à la Requête desdits Commis, que celles faites au Châtelet de Paris, à la Requête desdits Gilbert & autres, seront incessamment envoyées au Greffe du Conseil, pour y être les Parties reglées de Juges ; & cependant que l'instruction du Procès commencé en ladite Election, sera continuée jusqu'à Jugement diffinitif, & leur fait défenses de faire aucunes poursuites ailleurs, &c.

Du 30. Mai 1696.

* Arrêt du Parlement, qui en conſequence de la Declaration du Roi du 17. Avril 1696, portant union des droits de preſentation en toutes cauſes, tant en demandant qu'en défendant, à la Communauté des Procureurs d'icelle, ordonne que le droit de Preſentation du Greffe de ladite Cour ne ſera taxé que ſur les aſſignations qui ſeront données en icelle, & ſur leſquelles on ſe doit preſenter, ſans qu'il puiſſe être pris ſur les interventions, demandes & incidens joints au procés, ou inſtances où il n'y aura point d'aſſignation, pour lequel droit de Preſentation ne ſera taxé pour l'enregiſtrement au Greffe & ſignature de la Cedule que ſix ſols huit deniers, & ne ſera l'extrait de la Preſentation taxé que lorſqu'il y aura neceſſité de le lever pour juſtifier la nullité de la procedure qui auroit pû être faite, ou pour s'en ſervir à l'effet de faire voir qu'il n'y a point de lieu à la peremption, &c.

Du mois de Juin 1696.

* Edit du Roi, *regiſtré en Parlement, Chambre des Comptes & Cour des Aydes, les 20. & 26. Juin, & 7. Juillet* 1696. portant ſuppreſſion de huit Vendeurs de Poiſſon d'eau douce, & huit leurs Commis créés par Edit du mois d'Avril 1675. pour la Ville & Fauxbourgs de Paris, & déſunion de la Ferme generale des Aydes, du droit de ſol pour livre de la vente dudit Poiſſon attribué auſdits Offices; & création en titre d'Office formé & hereditaires & non domaniaux de trente Jurés Vendeurs de Poiſſon d'eau douce dans la Ville & Fauxbourgs de Paris, pour vendre celui qui y arrivera, ſoit par eau ou par terre, dans les boutiques, ſur la riviere, aux halles, marchés, places & lieux accoutumés de ladite Ville & Fauxbourgs; & leur attribuë le droit de ſol pour livre du prix de la vente dudit Poiſſon déſuni de ladite Ferme des Aydes, qui ſera par eux perçu, comme il étoit ci-de-

vant par les Fermiers. Veut que lesdits trente Vendeurs joüissent des mêmes privileges que ceux attribués aux Vendeurs de Marée nouvellement créés par l'Edit du mois de Mai mil six cent quatre-vingt-seize ; défend aux Marchands de porter ledit Poisson d'eau douce ailleurs que dans les Places & Marchés destinés pour la vente & débit d'icelui ; & à tous Marchands de Poisson d'Eau douce, Facteurs & autres faisans commerce dudit Poisson, d'aller au-devant desdits Forains, ni d'en faire venir pour leur compte, sans en faire declaration au Bureau desdits Jurés-Vendeurs, & leur payer le droit de sol pour livre de l'estimation ou vente dudit Poisson, à peine de confiscation, & de deux cens livres d'amende, applicable moitié au Domaine, & l'autre moitié au profit desdits Jurés-Vendeurs. Feront lesdits trente Jurés-Vendeurs de Poisson d'eau douce, corps & bourse commune entr'eux, & auront des Bureaux ouverts dans ou proche des Places de vente. Permet neanmoins ausdits Marchands de Poisson de faire eux mêmes la vente & débit de leurs Marchandises, à ceux qui en feront la consommation sans fraude & sans la pouvoir faire faire par autres personnes que par lesdits Vendeurs presentement créés : sous quelque prétexte que ce soit, en faisant neanmoins par lesdits Marchands leurs declarations préalablement aux Bureaux desdits Vendeurs, de la quantité de Poisson qu'ils ont, & convenans avec eux de l'estimation sur le pied de laquelle les droits leur seront payés, à peine de confiscation des Marchandises, & de pareille amende que dessus.

Du mois de Juin 1696.

* Lettres Patentes, *registrées en la Cour des Aydes, le 27. Juin 1696.* qui reglent à 20. ans l'âge des Receveurs des Fermes.

Du 5. Juin 1696.

* Arrêt du Conseil, qui ordonne, que l'Edit du mois

de Juin mil six cent quatre-vingt-seize, & le Resultat du Conseil, du 5. du même mois, seront executés selon leur forme & teneur ; & en consequence que Me. Charles de la Cour de Beauval, ses Procureurs & Commis feront toutes les diligences necessaires pour la vente, débit & établissement des Offices de Jurés-Vendeurs de Poisson d'eau douce, & qu'ils recevront la finance qui en proviendra, sur les Quittances du Receveur des Revenus casuels de Sa Majesté, qui les lui délivrera, sur les Récepissés de deux de ses Cautions, portans promesse de lui en fournir Quittance du Tresor Royal à sa décharge, & les ampliations desdites Quittances de finance. Ordonne en outre que les deux sols pour livre de la finance à laquelle lesdits Offices seront taxés par les Rolles qui seront arrêtés au Conseil, seront reçûs par ledit de Beauval, ses Procureurs & Commis, sur les simples Quittances, sans être tenu d'en compter. Et qu'en attendant la vente desdits Offices ledit de Beauval pourra commettre à l'exercice d'iceux sur ses simples Commissions & qu'il joüira des droits attribués ausdits Offices comme à lui appartenans, sans qu'il soit aussi tenu ni ses Cautions d'en compter au Conseil ni ailleurs, sous quelque prétexte que ce puisse être.

Du 5. Juin 1696.

* Arrêt du Conseil, qui ordonne que les Procureurs du Parlement de Dijon & des Jurisdictions de son Ressort, seront tenus de se présenter ès causes des matieres sommaires, de même qu'ils ont fait jusques à present, nonobstant l'Article VIII. de la Declaration du 12. Juillet 1695. qui au surplus sera executée selon sa forme & teneur.

Du 5. Juin 1696.

* Arrêt du Conseil, qui ordonne que la Declaration du Roi du 6. Juin 1695. concernant les Regrats & Reventes du Sel à petites mesures, sera executé selon sa forme & teneur;

regle ceux qui doivent prendre du Sel aux Greniers ; défend de s'associer pour y lever du Sel avec autres que ceux de leurs Paroisses ou Hameaux, & d'emporter le Sel qu'au préalable ils n'en ayent fait le partage à la porte du Grenier, à peine de trente livres d'amende, &c.

Du 5. Juin 1696.

* Arrêt du Conseil, qui ordonne, que pour faciliter à Me. Philippes Bertin la vente des Offices de Jurés-Vendeurs de Sel à petites mesures, que les Fermiers & Arriers-Fermiers des Regrats, leurs Cautions, Procureurs ou Commis, seront tenus de lui fournir dans huit jours à compter de celui de la signification dudit Arrêt, pour toute prefixion & délai, un Etat en détail contenant le nombre de Greniers dont chaque Arriere-Ferme des Regrats est composée, le nom des lieux où lesdits Fermiers ou Arrieres-Fermiers font faire la revente du Sel à petites mesures, le nombre des places qu'il y a dans chaque lieu, la quantité des Sels qui se sont consommés les trois dernieres années dans chaque place, certifié veritable. Ordonne aussi aux Receveurs des Greniers, & Officiers Grenetiers de fournir aux Commis de Bertin des Etats certifiés des Sels qui ont été fournis ausdits Fermiers & Arriere-Fermiers des Regrats en chacun Grenier à Sel, pendant les trois dernieres années, le tout à peine d'y être contraints ledit tems passé, ainsi & comme il est accoutumé pour les deniers & affaires de Sa Majesté. Enjoint aux Sieurs Intendans & Commissaires départis pour l'execution de ses ordres dans les Provinces & Generalités du Royaume, de tenir la main à ce que ledit Arrêt soit executé selon sa forme & teneur, nonobstant oppositions ou appellations quelconques, pour lesquelles ne sera differé.

Du 5. Juin 1696.

* Arrêt du Conseil, qui subroge Nicolas Chauvier aux deux Sous-Traités faits à Leonard Labitte, & à Hervé le Me-

tayer, par Charles de la Cour de Beauval, pour le recouvrement des ſommes qui doivent provenir de la vente des Offices de premiers Huiſſiers-Audienciers, & des Taxes des Iſles & Iſlots.

Du 5. Juin 1696.

* Arrêt du Conſeil, qui permet juſqu'au premier Mai de l'année 1697. de faire paſſer debout & ſans entrepôts juſqu'à Marſeille, des Toiles, des Chapeaux de Caſtor à l'Eſpagnol, & des Dentelles de Soye, en faiſant declaration de la quantité & qualité d'icelles, au premier Bureau de la Route, où ils ne payeront autres ni plus grands Droits, que ceux qu'ils auroient payé pour les faire ſortir hors du Royaume par mer, &c.

Du 10. Juin 1696.

* Placard ou Ordonnance du Roy, ſur la ſequeſtration, abus & rupture de Vuidanges des Braſſeurs dans la Province de Flandres.

Du 16. Juin 1696.

* Arrêt du Conſeil, qui ordonne l'execution des Edits du mois de Decembre 1694. & Mai 1696. portant création des Offices de Conſeillers de Sa Majeſté, Receveurs Generaux & Particuliers des Gabelles, Cinq Groſſes Fermes, Droits d'Entrées & Sorties du Royaume, Fermes generales des Domaines, des Aydes, du Tabac, & autres, & en conſequence qu'il ſera arrêté des Rolles de la Finance deſdits Offices; & permet à Montigny, chargé de la vente deſdits Offices, de commettre à l'exercice d'iceux, en attendant la vente, &c.

Du 16. Juin 1696.

Arrest du Conseil, qui ordonne que les Habitans de Charleville, Pontdarches & dépendances de la Souveraineté de ladite Ville, joüiront de l'exemption du Droit de Subvention, par doublement, pour les Eaux-de-Vie venans du Royaume, destinées pour être par eux consommées dans lesdits lieux : Et en consequence que les sommes reçûës pour ledit Droit desdits Habitans ou des Voituriers desdites Eaux-de-Vie, leur seront renduës & restituées, à ce faire les Commis de Me. Pierre Pointeau contraints, &c.

Du 23. Juin 1696.

Arrest du Conseil, qui agrée le sieur François le Gendre fils, pour remplir la place d'Interessé aux Fermes-Unies, au lieu du feu sieur son pere, tant pour la régie desdites Fermes, que pour les Comptes à rendre des Vivres de la Marine ; Et ordonne que la somme de quatre cens cinquante mille livres, que ledit feu sieur le Gendre avoit dans le Bail de Pointeau, demeurera du consentement de sa veuve, en son nom & comme Tutrice de ses enfans, dans la caisse desdites Fermes, pour sûreté de l'execution dudit Bail & de la Societé ; Et que les interests de ladite somme, ensemble les Droits de presence, seront payés audit sieur le Gendre fils, sur ses Quittances, &c.

Du 23. Juin 1696.

Arrest du Conseil, par lequel Sa Majesté, du consentement des sieurs Interressés aux Fermes-Unies, a choisi & nommé le sieur Jacques Remond de la Renouliere, pour remplir la place du feu sieur Guillemin de Mourliere, & avoir le même interêt qu'il avoit dans lesdites Fermes, & dans le Traité des Vivres de la Marine : Ordonne qu'il sera reçû pour Caution du Bail desdites Fermes & Traité, assistera à toutes les Assemblées, & y aura voix déliberative, &c.

Du 26. Juin 1696.

* Arrest du Conseil, qui ordonne que la Declaration du 20. Fevrier 1696. & l'Arrest du Conseil rendu en consequence le 20. Mars ensuivant, seront executés selon leur forme & teneur ; & que les Sieurs Intendans ou leurs Subdelegués feront mention dans leurs Procès verbaux des démolitions qui auront été faites des anciennes Tours, Châteaux & Murs de Clôtures, & de l'estimation des materiaux qui en auront été enlevés, & qu'il sera informé pardevant eux contre ceux qui en auront fait l'enlevement.

Du 26. Juin 1696.

* Arrest du Parlement, rendu au profit du Seigneur de Tallemay, sa femme & ses enfans, contre le Curé dudit Tallemay, pour raison des Droits Honorifiques, de l'Eau-Benite, l'Encensement, & les Prieres Nominales qui seront faites.

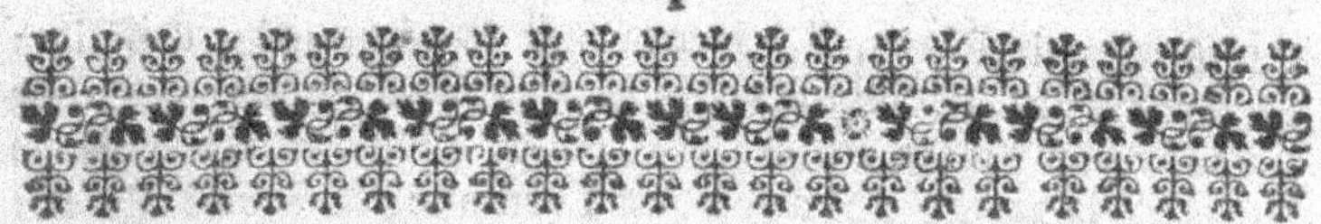

SUITE DE LA TABLE DES ARRESTS DU CONSEIL,

Concernant les Fermes Royales-Unies Comprises au Bail fait sous le nom de Me Pierre Pointeau donnez pendant les mois de Juillet, Aoust & Septembre 1696.

Du troisiéme Juillet 1696.

ARREST du Conseil d'Estat, Qui casse & annulle le Traité General fait le vingt-troisiéme Aoust 1695. avec Charles Fourcroy, Pour la voiture des Sels dans les Greniers qui se fournissent par les Rivieres de Loire & de Seine, & tous les Sous-Traitez & Marchez faits consequemment par ledit Fourcroy & ses Cautions; sans aucun dédommagement & interests respectivement entre les Parties, à compter du premier Octobre prochain, &c.

Du troisiéme Juillet 1696.

Arrest du Conseil d'Estat, Qui Ordonne que le Procureur General au Parlement & Cour des Aydes à Dijon, envoyera au Conseil les motifs de l'Arrest de ladite Cour du quinze Janvier dernier, Qui a confirmé une Sentence des Officiers du Grenier à Sel d'Auxonne, qui a condamné le Procureur du Roy audit Grenier en Trois livres d'amende, pour le refus par luy fait de sortir dudit Grenier, où il estoit entré à la Requisition du Fermier, &c.

Du dixiéme Juillet 1696.

Arrest du Conseil d'Estat, Qui Ordonne que par la Cour

des Aydes de Paris, il sera nommé & commis les Officiers qu'elle jugera necessaires, pour examiner le changement préposé par Pierre Pointeau Fermier General des Fermes Unies, à la forme de l'ancienne Tremuye, & dressé Procés verbal de l'état & effet de la Forme; Pour être ledit Procés verbal raporté au Conseil, & sur le tout, pourvû par Sa Majesté ainsi qu'il appartiendra.

Du dixiéme Juillet 1696.

Arrest du Conseil d'Estat, Sur la Requête de Me Pierre Pointeau, concernant la forme ordinaire de mesurer en Peccais, les Sels necessaires à la Vente qui se fait dans les Greniers des Gabelles de Languedoc & Lionnois. Qui ordonne avant faire droit sur ladite Requête, que les Proprietaires des Salines representeront les Titres de leur proprieté, pardevant le Sieur de Basville, & seront entendus sur la difference qu'il y a entre le Reglement donné sur la Mesure des Chargemens, & celle qui se fait actuellement ausdites Salines, avec ledit Pointeau: Et qu'il sera par ledit Sieur de Basville dressé Procès verbal, avec son Avis, sur ladite proprieté, & sur ladite Mesure; pour le tout vû & raporté à Sa Majesté, estre Ordonné ce qu'il appartiendra; Et cependant que la Mesure du Sel, sera continuée en Peccais, en la maniere accoûtumée.

Du dixiéme Juillet 1696.

Arrest du Conseil d'Estat, Sur la Requête de Me Pierre Pointeau, sur un risque arrivé au sujet de la Visite d'un Sac, que les Gardes établis pour la conservation des Gabelles, à la Porte Saint Estienne de la Ville de Toulouse, vouloient faire: Qui ordonne que les Procedures faites par les Capitouls de ladite Ville, & celles faites par le Visiteur General des Gabelles, seront envoyées au Greffe du Conseil, pour y être reglé sur la Competance; Et cependant fait deffenses ausdits Capitouls de passer outre à l'Instruction du Procès, laquelle sera continuée par le Juge-Visiteur des Gabelles, jusqu'au Jugement diffinitif exclusivement.

Du dixiéme Juillet 1696.

Arrest Contradictoire du Conseil d'Estat, Qui Ordonne que les Fayances manufacturées à Hagueneau en Alsace, & autres Provinces de la Domination du Roy, qui ne sont étrangeres qu'à l'égard des Cinq Grosses Fermes, ne payeront que Dix livres du Cent pesant à l'entrée, conformément au Tarif de 1664. Et que celle de la Manufacture d'Hollande, & autres Païs hors la Domination de Sa Majesté, payeront Vingt livres du Cent pesant, conformément à l'Arrest du Conseil du dix-huit Juin 1668.

Du dix-huit Juillet 1696.

Arrest du Conseil d'Estat, Sur la Requête de Me Pierre Pointeau, rendu sur un Conflit de Jurisdiction entre les Officiers du Siege des Traites de Laval, & le Bailly d'Ernée; au sujet de quelques violences pretenduës faites au Sr de Château-Loger, par les Commis Ambulans, Capitaine & Gardes des Fermes au Département d'Ernée; Qui ordonne, attendu le Consentement dudit Sr de Chasteau-Loger, porté par la Sentence du Siege des Traites de Laval, du 19. May dernier, que lesdites Parties procederont audit Siege des Traites de Laval, suivant les derniers erremens, & comme elles auroient pû faire auparavant l'Arrest du Parlement de Paris du sept Juin dernier, Sauf l'Appel en la Cour des Aydes de Paris.

Du trente-un Juillet 1696.

Arrest du Conseil d'Estat, Qui ordonne, sans s'arrester à l'Arrest du Parlement de Dijon, du dixiéme May dernier, obtenu par le Concierge de la Maison du Roy en ladite Ville de Dijon, qui pretend en ladite qualité un Minot de Sel de Franc-Salé: Qu'il remettra ses Titres és mains du Sieur de Pontchartrain, Controlleur General des Finances, pour iceux vûs au Conseil, luy estre fait droit ainsi qu'il appartiendra; Et cependant a surcis l'execution dudit Arrest: Et fait deffenses à ses Cours de Parlement & des Aydes, d'Ordonner à l'avenir d'autres Sels de Franc-Salé, que ceux portez & employez dans les Estats arrêtez au Conseil.

* *Du septiéme Aoust 1696.*

Arrest du Conseil d'Estat, Qui ordonne que dans les Jurisdictions des Gabelles, créées par Edit du mois d'Octobre 1694. où il n'y a encore qu'un Officier reçû; il pourra seul juger toutes les Causes civiles, & Condamner les Prévenus en toutes les amendes de differentes natures, portées par l'Ordonnance de 1680. tant contre les Domiciliez, que contre les Faux-Sauniers: A la charge d'appeller le nombre de Graduez porté par ladite Ordonnance, pour rendre les Jugemens de Conversion en peines afflictives, des Amendes non payées dans les mois; & pour juger les Amendes conjointement avec les peines afflictives, contre les Faux-Sauniers armez & Recidiveurs.

Du septiéme Aoust 1696.

Arrest du Conseil d'Estat, Qui décharge Me Joseph Planchu, Receveur General des Finances à Toulouse, & Commis de Me Pierre Pointeau, des Condamnations contre luy prononcées par les Arrests du Parlement de Toulouse des 26. & 30. May & premier Juin dernier; Et fait deffenses à Maître Modeste Macsuiny, prétendu Superieur du College & Seminaire des Escoliers Irlandois étably en ladite Ville, de faire en vertu d'iceux, aucunes poursuites ny contraintes contre lesdits Planchu & Pointeau: Pour raison de la somme de Douze cens livres, dont le Roy fait fond annuellement dans les Estats des Gabelles de Languedoc, pour la nourriture & entretien dudit Seminaire, à peine de tous dépens, dommages & interests; sauf audit Macsuiny à se pourvoir pardevant les Tresoriers de France de Montpellier, &c.

* *Du vingt-un Aoust 1696.*

Arrest du Conseil d'Estat, & Lettres Patentes sur iceluy, du premier Septembre ensuivant, registrées en la Cour des

Aydes de Paris : Qui ordonne conformément au Procès verbal des Sieurs Commissaires de ladite Cour des trente-un Juillet, premier & huitiéme Aoust dernier, Que la nouvelle Tremuye préposée par Me Pierre Pointeau, sera établie & reçûë dans les Déposts & Greniers de la Ferme des Gabelles de France ; Et fait deffenses de se servir de l'ancienne, à commencer du premier Octobre prochain.

* *Du vingt-un Aoust 1696.*

Arrest du Conseil d'Estat, Qui regle les Droits qui seront levez pour les Acquits de Payement & à Caution, & pour les Certificats de Descentes, suivant les Articles XI. & XII. du Titre premier de l'Ordonnance du mois de Février 1687. Et fait deffenses aux Receveurs des Traites, de faire renouveller les Acquits en chaque Bureau, sur lesquels ils pourront seulement mettre leur vû ; Sans que pour ce ils puissent prendre aucuns Droits, ny pour les Congez, Passavans, Brevets de Controlle, ou pour la décharge des Acquits à Caution, à peine de concussion, &c.

* *Du vingt-un Aoust 1696.*

Arrest Contradictoire du Conseil d'Estat, Qui casse un Arrest du Parlement du 27. Juillet 1695. rendu par Appointé, entre Jean Leonard Crestien de Mousures & Consors ; Et Loüis Henry de Lameth, en ce qu'il a ordonné que les amendes par eux consignées leur seroient renduës : Et ordonne qu'ils seront contraints de rendre & payer chacun en droit soy, au Receveur des Amendes, les deux tiers de Trois cens livres, pour l'Amende par eux encouruë, pour les Inscriptions en Faux, dont ils se sont desistez ; lesquelles Amendes Sa Majesté a declarées acquises à son profit : Et fait deffenses à tous Procureurs de signer de pareils Arrests à l'avenir, &c.

* *Du vingt-huit Aoust 1696.*

Arrest Contradictoire du Conseil d'Estat, rendu entre Me Pierre Pointeau, Fermier General des Fermes-Unies ; Claude

Durié, ci-devant chargé du Recouvrement de la Finance provenant de la vente des Offices de Receveurs des Fermes, créez par Edit du mois de Decembr e1694. Et Jean de Montigny, ſubrogé audit Durié. Portant Reglement, tant pour les Comptes à rendre par les Commis nommez auſdites Recettes, par ledit Durié, que pour les Cautionnemens donnez par ſes Cautions, & ceux dudit Montigny, pour la ſeureté du maniement deſdits Commis auſdites Recettes.

Du quatriéme Septembre 1696.

Arreſt du Conſeil d'Eſtat, Qui ordonne qu'il ſera inceſſamment procedé pardevers Monſieur de Caumartin, Intendant des Finances, à la Publication des Droits attribuez aux Offices de Jurez-Vendeurs de Sel à petites Meſures, & à l'Adjudication deſdits Droits, aux plus Offrans & derniers Encheriſſeurs, après trois Publications qui ſeront faites de huitaine en huitaine.

* *Du onziéme Septembre 1696.*

Arreſt du Conſeil d'Eſtat, Qui caſſe & annulle l'Arreſt de la Cour des Aydes de Clermont du vingt-huit May dernier; Et veut que ceux rendus par ladite Cour, les deux Avril 1692. & dix-ſept Novembre dernier, concernant la Vente du Sel dans le Païs redimé des Droits de Gabelles, ſoient executez: Et qui Ordonne que par Monſieur d'Ormeſſon, Commiſſaire départy en la Province d'Auvergne, il ſera informé des Attroupemens, Inſultes & violences faites par des Femmes, leurs Complices & ceux qui les ont ſuſcitez & excitez, &c.

Du vingt-cinq Septembre 1696.

Arreſt du Conſeil d'Eſtat du Roy, Qui ordonne que par Monſieur de Miromenil, Commiſſaire départy en la Generalité de Tours, Il ſera informé du contenu aux Procés verbaux dreſſez par les Capitaine & Gardes de la Brigade des Fermes-Unies, établie au Port-de-Pille; la Haye & Chaſtellerault les cinq & sixiéme du present mois, contre le Faux-Saunage commis par les Gentilhommes de l'Arriere-Ban de Paris, circonstances & dépendances; Pour l'Information envoyée, vûë & raportée à Sa Majesté, être par Elle Ordonné ce qu'il appartiendra.

SUITE DE LA TABLE

DES Arrests du Conseil, Concernant les Fermes Royales Unies, comprises au Bail fait sous le nom de Maistre Pierre Pointeau, donnez pendant les mois d'Octobre, Novembre & Decembre 1696.

Du 2. Octobre 1696.

ARREST du Conseil d'Estat qui décharge les Receveurs, Commis, & Gardes, & tous autres employez dans la Regie & Administration des Fermes, en Champagne & autres Provinces du Royaume, des Cottisations esquelles ils ont esté & pourroient estre taxez, pour raison des Offices de Mouleurs de Bois & & Charbon; Et fait deffenses de les y comprendre & contraindre à peine de restitution, &c.

Du 9. Octobre 1696.

Arrest du Conseil d'Etat, qui ordonne que par Monsieur Ferrand, Intendant de Justice, Police & Finance en Bourgogne, ou son Subdelegué, à la diligence de Pierre Pointeau, Fermier General des Gabelles; Il sera informé de la Supression de vente de Sel, dont le Receveur des Gabelles en la Chambre d'Arc en Barrois est accusé, & le procez instruit pour estre jugé en dernier ressort, par ledit Sieur Ferrand & les Officiers de telle Jurisdiction Royale qu'il voudra choisir dans son Département, luy en attribuant toute Jurisdiction, &c.

* *Du 16. Octobre 1696.*

Arrest du Conseil d'Estat du Roy, qui ordonne, qu'à commencer du premier Novembre prochain, il sera levé & perceu à toutes les Entrées de France, tant des cinq grosses Fermes, que des Provinces & Pays reputez Estrangers & Conquis, sans exception, dix livres sur chaque livre pesant de Lapin en poil & quatre livres sur chacune livre pesant de Lapin en peau : Et fait défenses à Maistre Pierre Pointeau, Fermier General des Fermes-Unies, ses Procureurs & Commis, de moderer lesdits Droits, &c.

* *Du 16. Octobre 1696.*

Ordonnance du Roy, portant que les Ordonnances de confiscation, concernant les prises en Mer, seront enregistrées au Greffe de l'Admirauté, dans le mois du jour de leur datte, en cas qu'il ne soit interjetté Appel : Et en cas d'Appel, dans six semaines du jour de l'Arrest qui les aura confirmées en tout ou partie ; Après lesquels delais, les Adjudicataires des Marchandises provenant desdites prises, les feront sortir hors du Royaume, dans les deux mois marquez par le Reglement du vingt-cinq May 1695. Sauf en cas d'empeschement au transport de leur accorder prorogation, d'un mois, &c.

Du 30. Octobre 1696.

Arrest Contradictoire du Conseil d'Estat, qui ordonne que l'Arrest du Conseil du douze Aoust 1671. sera executé : Et en consequence que les Sucres rafinez aux Isles Françoises de l'Amerique, le Gingembre, indigo, Cavesine & autres Marchandises, après avoir payé l'Entrée, pourront sortir de Bordeaux au travers du Royaume, par les Bureaux des Doüanes de Lyon & de Valence, sans payer aucuns Droits ; Et que ceux qui auront esté payez pour lesdites Marchandises destinées pour les Pays Estrangers, seront renduës & restituées, &c.

Du 20. Novembre 1696.

Arrest du Conseil d'Estat, qui permet aux Commis aux exercices des Aydes de la Ville & Faux-bourgs de Paris, d'aller dans les Maisons de Limonadiers, Caves, Arriere-Boutiques & lieux en dépendans, & d'y marquer de leurs Rouannes, les Vins qu'ils y trouveront, dont ils tiendront Registre, pour le payement des Droits, s'il est ainsi ordonné, &c.

Du 27. Novembre 1696.

Arrest contradictoire du Conseil d'Estat, entre François Callot, Priseur & Arpenteur Juré en la Ville de Nevers, Demandeur & Opposant à l'execution de l'Arrest du Conseil du cinquiéme Juillet 1695. rendu pour la verification des Sels, Fer & Acier, par Gens experts dans les matieres dont il s'agira, d'une part, Et Me Pierre Guy Gueneau, President en la Jurisdiction des Traites Foraines, Marque des Fers & Acier & autres Droits, des Provinces de Bourbonnois & Berry, Me François Moisy, Greffier en ladite Jurisdiction, Vincent Berger, Taillandier & Consors, défendeurs; Et Pierre Pointeau, intervenant : Qui déboute ledit Callot de sa demande & Requeste, & le condamne aux dépens.

Du 11. Decembre 1696.

Arrest du Conseil d'Estat, qui ordonne que les Arrests des dix Juin 1684. vingt-huit Juin 1689. & quatre Février 1690. seront executez; Et que les Officiers des Greniers de Poüilly & Viteaux, procederont au Regratage des Sacs qui ont servy à la Voiture des Sels par eux emplacez & à la Reception desdits Sels qui en proviendront : Leur fait deffenses & à tous autres Officiers des Greniers de la Ferme des Gabelles, de retarder le service des Mesurages & emplacemens des Sels, & certificats d'iceux, à peine d'estre tenus des dommages, interests & frais de retardement; Sans que lesdits Officiers se puissent faire payer au-delà des vingt sols par muid de Sel, que Sa Majesté leur permet de recevoir du Fermier, par forme de Vacation, pourveu qu'il en soit mesuré & emplacé au moins douze muids par jour, à peine de Concussion.

Du 11. Decembre 1696.

Arrest du Conseil d'Estat, qui ordonne que l'Arrest du vingt-sept Novembre dernier sera executé; Et en consequence qu'en rapportant par Maistre Pierre Pointeau, le Compte qu'il aura rendu à Maistre Adrien Vanier, du produit des Droits de trois livres par once d'or, & quarante sols par mar d'argent, avec la Quittance dudit Vanier pour le reliquat dudit compte; Il en sera fait indemnité audit Pointeau sur le prix de son Bail, en vertu du present Arrest, &c.

Du 14. Decembre 1696.

Arrest du Conseil privé, qui ordonne que les informations & autres Pieces, sur lesquelles est intervenuë l'Ordonnance de Monsieur Chauvelin cy-devant Intendant en Picardie, du douze Janvier 1692. Qui a condamné Adrien Cornot & le nommé Chambery Marchands, chacun en trois mil livres d'amende, pour les Contraventions par eux commises aux Arrests qui font défenses de faire entrer dans le Royaume, des Draperies Etrangeres, des Toilles de Cotton & Mousselines, & qui sont au Greffe de l'Intendance de Picardie, seront incessamment envoyées au Greffe du Conseil; A quoy faire ceux qui en sont saisis seront contraints; Pour être lesdites informations & Pieces jointes à l'instance pendante au Rapport de Monsieur Mascranny, & être sur le tout fait droit ainsi qu'il appartiendra.

Du 18. Decembre 1696.

Arrest du Conseil d'Estat, sur la Requeste de Maistre Pierre Pointeau, Fermier General des Gabelles & autres Fermes-Unies; Qui ordonne que la somme de deux mil livres consignée par Jean Guillois Receveur au Grenier à Sel de Beauvais, ès mains du Receveur des Consignations de ladite Ville, provenans du fonds de la Recette des Gabelles, sera remise au Receveur general des Fermes à Paris, ou au Porteur de son ordre, à quoy faire ledit Receveur desdites Consignations contraint, ce faisant déchargé : Sauf au nommé Martel, pretendu Creancier dudit Guillois, de se pourvoir tant contre lui que ceux que bon lui semblera, pour raison de l'élargissement de sa personne, & défenses au contraire,

Du 18. Decembre 1696.

Arrest du Conseil dEstat, qui ordonne que les Receveurs en titre des Fermes du Roy, créez par Edit du mois de Decembre 1694. ne percevront (dans l'étenduë des cinq grosses Fermes) pour les Droits d'Acquits de payement & à Caution, & de certificats de descente des Marchandises, que suivant qu'ils sont reglez & fixez par les Articles XI. XII. XIII. & XIV. du titre premier de l'Ordonnance de 1687. Que ceux de Flandres & Pays-Bas cedez & conquis, percevront suivant le Tarif de 1671. lesdits Droits d'Acquits & de Passavans, & ainsi des autres Droits desdites Fermes, suivant les usages établis avant & lors dudit Edit de 1694. Et fait défenses ausdits Receveurs, d'exiger aucuns autres Droits, à peine de Concussion.

Du 28. Decembre 1696.

Arrest contradictoire du Conseil d'Estat, qui ordonne que le Traité fait le dix-huit Novembre 1670. entre les Fermiers Generaux, & les Habitans de la Principauté de Sedan, confirmé par Arrest du sixiéme May 1681. sera executé : Et en consequence que toutes les Marchandises & Denrées soit Estrangeres ou non, qui entreront en détail dans la Ville de Sedan, ou qui en sortiront pour aller en France ou dans les Pays Estrangers, ne payeront aucuns Droits, lorsqu'ils n'excederont trente sols pour la moitié revenant au Fermier ; Et qui décharge les Habitans de ladite Principauté, qui joüissent des mêmes privileges que ladite Ville, de prendre des Passavans ou des Acquits à Caution, pour les Marchandises & Denrées qu'ils tireront de Sedan, pour leur consommation, à la charge de n'en point abuser; Et qu'elles pourront estre visitées par les Commis & Gardes des Bureaux des Fermes du Roy, &c.

Du 29. Decembre 1696.

Arrest du Conseil d'Estat, sur la Requeste de Pierre Pointeau, Fermier general des Gabelles, contre une Sentence des Officiers du Grenier à Sel d'Auxonne, qui a condamné le Procureur du Roy dudit Grenier d'en sortir, & en une amende de trois livres, & un Arrest du Parlement de Dijon du quinze Janvier dernier; Qui ordonne avant faire droit, que ladite Requeste sera communiquée aux Sieurs Dautecloche, Baudier & Mol, Greneriers & Controlleur audit Grenier, pour leur réponse vûë au Conseil (qu'ils seront tenus de fournir dans la quinzaine) estre fait droit ainsi qu'il appartiendra.

Du 29. Decembre 1696.

Arrest du Conseil d'Estat, sur la Requeste de Claude Dapougny, en qualité de Caution du Sous-Fermier des Domaines des Isles Françoises de l'Amerique; Pour le restablissement des sommes rayées dans les Comptes rendus par Maistre Pierre Domergue, pour les années 1688. 1689. & trois premiers Quartiers de 1691. pour la valeur des Sucres par lui fournis pour les Charges assignées sur lesdits Domaines, suivant les Estats de distribution arrestez au Conseil, & les ordonnances de Mr l'Intendant: Et qu'il lui sera tenu compte par Maistre Pierre Pointeau, des sommes à quoy se montent les Sucres fournis pour les manque de fonds & frais de Justice faits ès années 1691. 1692. 1693. & 1694. au-delà du fonds laissé dans les Estats de distribution; Auquel Pointeau il en sera tenu compte sur le prix de son Bail, & les dépenses allouées, en rapportant les Ordonnances dudit Sieur Intendant, & les Quittances des dénommez en icelles, que Sa Majesté a validées à cet effet en vertu du present Arrest, &c.

SUITE DE LA TABLE

DES Arrests du Conseil, Concernant les Fermes Royales-Unies, comprises au Bail fait sous le nom de Maistre Pierre Pointeau, donnez pendant les mois de Janvier, Février & Mars 1697.

Du 8. Janvier 1697.

ARREST contradictoire du Conseil d'Estat, qui ordonne, sans s'arrêter à l'Arrest du Conseil du vingt Octobre dernier, que Maistre Jean Coulombier, Fermier des Messageries de France, poursuite & diligence de Jean Osmont, Fermier des Messageries de Bretagne: Et Maistre Pierre Pointeau, Fermier general des Gabelles, Cinq grosses Fermes & autres Unies, procederont en la Cour des Aydes de Roüen, sur l'Appel interjetté par Jean de Launay, d'une Sentence du Juge des Traites à Mortain, du quatre Aoust dernier, qui confisque deux Caisses de Chocolat, & le condamne en cinquante livres d'amende & aux dépens; Et leur fait défenses de se pourvoir ailleurs.

Du 15. Janvier 1697.

Arrest du Conseil d'Estat, qui ordonne que l'Article XXIV. du titre quatorze de l'Ordonnance de 1680. & les Articles VII. & X. de la Declaration du mois de Janvier 1691. concernant les Gabelles & droit de Quart Boüillon en Normandie, seront executez: Et en consequence que les particuliers qui on droit d'user du Sel blanc, ne pourront en aller prendre aux Salines que pour la provision de six mois seulement, à raison d'une demie ruche par année, pour chaque teste au dessus de huit ans dont chaque famille est composée, à peine de confiscation, cent livres d'amende, &c.

Du 15. Janvier 1697.

Arrest du Conseil d'Estat, qui nomme & choisit Maistre Charles Ruau du Tronchot, pour remplir la place du feu Sr Parent, & avoir le même interest qu'il avoit dans les Fermes Unies, pendant le tems qui reste à expirer du Bail fait sous le nom de Me Pierre Pointeau; Et ordonne qu'il fera les soumissions ordinaires au Greffe du Conseil, en la maniere accoûmée.

Du 5. Février 1697.

Arrest du Conseil d'Estat, qui ordonne que l'Edit du mois de Decembre 1694. Portant Création des Offices de Receveurs des Greniers à Sel, sera executé selon sa forme & teneur: Et en consequence que lesdits Receveurs joüiront seuls des Emolumens accordez pour les bons de Masses sans y pouvoir être troublez par les Commis aux Controlles desdits Greniers, ny aucuns autres.

Du 6. Février 1697.

Arrest du conseil d'Estat, qui ordonne, conformément à l'Arrest du 8. Février 1687. Que tous les Marchands qui ont acheté à Nantes des Directeurs de la Compagnie des Indes Orientales, des toilles de cotton, mousselines, étoffes de soye d'or & d'argent, écorces d'arbres & autres marchandises sujettes à la marque, fourniront leur declaration de la qualité & quantité d'icelles qui reste en leurs mains pour être marquées: Et si après lesdites declarations & marques il s'en trouve qui ne soient point marquées elles seront brûlées & les Marchands condamnez en trois mil livres d'amende, &c.

Du 12. Février 1697.

Arrest qui permet aux Srs Montinot, Dauphin & Vivart marchands à Estapes, de vendre les Sels par eux achetez provenans des prises, & vendus à S. Malô, dans le pays Boulonnois & dans les villes fermées d'Artois où le Sel est en commerce & non ailleurs.

TABLE.

Du 13. *Février* 1697.

Arrest du Conseil d'Etat privé, qui ordonne que les informations respectivement faites par les Officiers du Grenier à Sel de saint Saulge; & par le Prevôt de Nevers, (sur un risque arrivé entre deux soldats Dragons, & les Gardes du Sel audit Grenier, en la maison de Marc Henri Cabaretier, où ils s'étoient transportez pour lui faire payer un quart de Sel qu'il avoit levé au Grenier) seront incessament envoyées au Greffe du Conseil, pour y être statué ainsi qu'il appartiendra; Et que l'instruction commencée par lesdits Officiers des Gabelles sera continuée jusqu'à Sentence diffinitive; avec défenses audit Juge Prevôt de Nevers de continuer sa procedure, à peine de nullité, cassation, &c.

Du 26. *Février* 1697.

Arrest contradictoire du Conseil d'Estat, qui reçoit les Maire, Echevins & Marchands de la ville de Clermont, tant pour eux que pour les habitans de la Province d'Auvergne, opposans à l'execution des Arrests de la Cour des Aydes dudit Clermont des deux Avril 1692. & dix-sept Novembre 1695. & du Conseil du 11. Septembre dernier, faisant droit sur leur opposition, ordonne que les Articles du Titre seize pour le Commerce du Sel dans les pays redimez, de l'Ordonnance des Gabelles du mois de May 1680. seront executez; Et enjoint au Fermier des Gabelles & autres qui lui succederont, & aux habitans de ladite Province d'Auvergne, de s'y conformer, & à ladite Cour & Officiers des Gabelles d'y tenir la main.

Du 26. *Février* 1697.

Arrest du Conseil d'Estat, qui ordonne que par Monsieur l'Intendant de la Generalité de Lion, il sera informé du fait des restitutions ordonnées par l'Edit d'établissement du Droit de marque sur les Chapeaux qui iront à l'Estranger, dont André Lebret, Sous-Fermier dudit Droit des Provinces de Lionnois, Dauphiné, Montpellier, Toulouse, Bordeaux & Montauban rapporte pour cent sept mil dix-neuf livres par le Bureau de Lion, en payement du prix de son Bail circonstances & dépendances; Pour l'information rapportée au Conseil être ordonné ce qu'il appartiendra.

Du 26. Février 1697.

Arrest du Conseil d'Estat, qui ordonne que les Prevosts des Marchands & Eschevins de Lion, Juges Conservateurs de ladite Ville, remettront entre les mains du Sieur Derbigny, Commissaire départi en la Generalité de Lyon, les motifs de l'Ordonnance par eux renduë le vingt-un Novembre dernier, sur l'execution de l'Article XXII. des Statuts des Corroyeurs de ladite Ville, (Par lequel il est fait défenses d'achepter aucunes Vaches, Branes & Veaux en Bazane, pour les faire travailler hors de ladite Ville & Faux-bourgs, à peine de cinq cens livres d'amende & de confiscation) dont il dressera Procès verbal, ensemble de l'usage qui se pratique pendant la tenuë des Foires, pour le tout vû & rapporté au Conseil, avec son Avis, être ordonné ce qu'il appartiendra; Et cependant fait défenses d'executer ladite Ordonnance, & ausdits Corroyeurs de troubler les Marchands Forains & autres, dans la vante, achapt & enlevement des cuirs.

Du 26. Février 1697.

Arrest du Conseil d'Estat, qui évoque à soy l'instance pendante en la Cour des Aydes de Paris, entre Maistre Pierre Pointeau, Fermier General des Cinq grosses Fermes: Et Martin Souchay, Marchand à Nantes; (Pour raison des Droits de Quatre cens huit pieces de wedasses, que ledit Pointeau prétend devoir être acquittées à raison de cinq pour cent de leur valeur, suivant le dernier Article du Tarif de 1664. attendu qu'ils ne sont pas Tariffez) Et leur fait défenses de faire aucunes poursuites pour raison de ce en ladite Cour, à peine de trois cens livres amende.

Du 5. Mars 1697.

Arrest du Conseil d'Estat, qui commet Messieurs les Commissaires, pour les instances & contestations pendantes au Conseil, ou qui interviendront cy après, pour raison des Fermes des Gabelles, cinq grosses Fermes, Aydes, Entrées, Papier

& Parchemin Timbrez; Et pour les Domaines & Droits y joints; Et fait défenses aux Parties de se pourvoir ailleurs ni autrement, à peine, &c.

Du 5. Mars 1697.

Arrest du Conseil d'Estat du Roy, qui ordonne que l'Arrest du quinze Decembre 1691. sera executé; Et en consequence défend aux Officiers de l'Admirauté de Brest & autres, de rompre les Sceaux qui auront été apposez sur les prises en Mer par les Commis des Fermes, qu'en leur presence. Qu'il ne sera déchargé aucunes marchandises desdites prises, ny des Vaisseaux armez en course, qu'en presence desdits Commis & de l'Inspecteur des manufactures; Lesquelles marchandises seront mises dans un Magazin sous trois Clefs differentes: Et fait défenses aux Adjudicataires d'icelles & à tous autres de les entreposer; & que lesdites marchandises & ballots seront ficelées & blombez; Et défend aux Officiers de l'Admirauté de prendre connoissance des saisies qui seront faites par les Commis desdites Fermes ou l'Inspecteur, &c.

Du 5. Mars 1697.

Arrest du Conseil d'Estat, qui ordonne que par les Cautions de Pierre Pointeau, Fermier General, il sera Commis aux Recettes des Fermes vacantes, & qui vaqueront par le deceds des Receveurs en Titre, jusqu'à ce que les Veuves, Heritiers ou ayans cause ayent rendu & appuré les comptes du Receveur decedé, & qu'il y ait un autre Receveur pourvû & reçû, Lequel ne pourra estre instalé, qu'après avoir fait Enregistrer ses provisions au Bureau general des Fermes à Paris, & reçû les instructions & ordres necessaires, &c.

Du 12. Mars 1697.

Arrest du Conseil d'Estat, sur la Requeste de Michel Roujoux Sieur de Chaumont, qui ordonne que les Charges & informations & autres pieces du Procès fait sur la plainte de Me Pierre Pointeau, pretendant qu'il a esté fait soustraction des Sels, dans les Entreposts, Greniers & Chambres à Sel du bas Languedoc, seront apportez au Greffe du Conseil, pour le tout vû & rapporté, estre ordonné ce qu'il appartiendra : Et cependant toutes choses demeurantes en état.

Du 26. Mars 1697.

Arrest du Conseil d'Estat, qui ordonne que les Arrests du Conseil des dix-huit Octobre, & vingt-deux Novembre 1695. seront executez ; ensemble les condamnations renduës contre Pierre Brochet, Jacques Thiellement, Martin Vannier & Claude Le-jeune, Officiers de l'Election & Grenier à Sel de Gien, & autres compris au Jugement rendu contre eux par M. de Bouville, Intendant en la Generalité d'Orleans, & que les Offices & autres biens sur eux saisis, seront vendus & adjugez par ledit Sieur de Bouville, & ce qui sera par lui ordonné, executé nonobstant oppositions ou appellations, &c.

Du 26. Mars 1697.

Arrest du Conseil d'Estat du Roy, qui ordonne que la procedure commencée, au sujet du Faux-Saunage fait par plusieurs Cavaliers du Regiment de Tournefort, étant en Garnison à Bourges, sera continuée par Monsieur de Seraucourt, Commissaire départi en la Generalité de Bourges, & le Procez instruit, fait & parfait aux coupables, & par lui Jugé en dernier ressort, avec les Officiers du Grenier à Sel de ladite Ville, ou Graduez, Sa Majesté lui en attribuant toute Cour, Jurisdiction & Connoissance, icelle interdisant à toutes ses Cours & autres Juges.

Du 26. Mars 1697.

Arrest du Conseil d'Estat, qui ordonne, que les provisions de l'Office de Receveur des Droits de Riviere, Jauge & Courtage, étably au Port-à-Langlois à Paris, Scellées au profit de Jean Besnard, seront executées selon leur forme & teneur ; Sans s'arrêter à l'Arrest du 12. Février dernier, surpris par Jean Viltart, Marchand de Vin en gros & Cabaretier audit lieu ; Et fait défenses audit Viltart & à tous autres de donner audit Besnard, aucun trouble pour raison de ce, à peine de cinq cens livres d'amende, dépens, dommages & interests.

Du 26. Mars 1697.

Arrest du Conseil d'Estat, qui renvoye à Monsieur de Nointeil, Commissaire départi en Bretagne, la Requeste de Pierre Pointeau, concernant les Peaux de Castors, qu'il a fait transporter par terre, de la Rochelle à Nantes, pour Paris, (sur chacune desquelles Peaux les Engagistes des Octrois prétendent qu'il leur est dû un denier;) Pour entendre sur icelle lesdits Engagistes des Octrois, avec ledit Pointeau, dresser son Procès verbal de leurs dires & contestations, pour icelui vû au Conseil avec son Avis, estre fait droit ainsi qu'il appartiendra.

www.ingramcontent.com/pod-product-compliance
Ingram Content Group UK Ltd.
Pitfield, Milton Keynes, MK11 3LW, UK
UKHW021516260726
13993UKWH00004B/1697

9 782329 269900